Textes : Valérie Armand, Catherine Béchaux, Yvonne Belaunde,
Pascale de Bourgoing, Aline Guichard, Benoit Marchon,
Agnès Rochefort-Turquin, Laurence Rousselot, Dominique de Saint Mars.
Avec la collaboration de François Mourvillier et Anne-Marie Aitken.

Isbn : 978 2747 0 4739 5
Imprimé en Chine
Deuxième tirage

filotéo

Mille milliards de questions sur la vie, le monde et Dieu

Sous la direction de Benoit Marchon
Illustrations de Christophe Merlin

bayard jeunesse

Sommaire

La vie

Le monde

Dieu

Comment lire ce livre

Tout le monde se pose des questions. Et à tous les âges. Mais les enfants de sept à douze ans sont les champions !

Ils posent des questions faciles, auxquelles on peut répondre par un mot, ou une phrase.

Ils posent des questions un peu plus compliquées, qui demandent une réponse plus longue, mais que l'on peut trouver en cherchant dans un dictionnaire ou une encyclopédie.

Et puis ils posent des questions difficiles, celles que chacun se pose quand il réfléchit aux mystères de la vie, du monde et de Dieu.

Les adultes ont souvent du mal à trouver les mots justes et simples pour répondre. Parfois, ils ne savent pas quoi dire. Car ce sont des questions auxquelles il faudrait toute une vie pour répondre. Il y a même des questions sans réponse.

Ce livre présente 49 vraies questions, des grandes questions posées par des enfants de sept à douze ans. Leur formulation est parfois maladroite ou naïve, mais elle révèle la curiosité sans limite des enfants et leur appétit de comprendre.

Elles sont regroupées en trois grands chapitres : les questions sur la vie, les questions sur le monde, les questions sur Dieu. Chaque réponse a été mûrement réfléchie, discutée avec des spécialistes. Elle ne prétend pas être la réponse définitive et universelle. Elle cherche plutôt à donner des pistes de réflexion, à ouvrir à d'autres questions tout en donnant des points de repères. Car c'est à chaque lecteur de trouver sa propre réponse.

Benoit Marchon

La vie

Où étais-je avant d'exister ?

Avant d'exister, tu n'existais pas ! Pourtant, bien avant ta naissance, tu as existé dans l'esprit de tes parents qui ont désiré avoir un enfant. Alors ils t'ont donné la vie. Cette vie, ils l'avaient eux-mêmes reçue de leurs parents, qui l'avaient reçue de leurs parents...

Pour les savants, nous existons d'une certaine manière depuis toujours ! En effet, notre corps est un assemblage de milliards de molécules qui existent peut-être depuis le début du monde.

Mais cet assemblage est unique. Ton corps, ton visage, tes goûts, tes idées, tes rêves sont uniques.

Pour ceux qui t'entourent, pour ceux qui t'aiment, il n'y a jamais eu d'autre « toi » avant toi, et il n'y aura plus jamais d'autre « toi » après toi. C'est un des grands mystères de la vie !

Pourquoi le bébé reconnaît-il la voix de sa mère?

Quand un bébé vient de naître, ses yeux s'ouvrent à peine. Il ne bouge pas quand on l'appelle. Mais on a remarqué qu'il réagissait à la voix de sa maman! On dirait qu'il l'a déjà entendue avant sa naissance et qu'il lui répond en remuant doucement.

Depuis quelques années, les chercheurs observent des femmes enceintes. Avec des micros minuscules, ils ont enregistré les bruits qui arrivent à l'intérieur du ventre maternel. Et on sait maintenant que le bébé entend. Ses oreilles reçoivent les bruits assourdis du dehors : des cris, des rires, des chansons... et bien sûr la voix de sa maman. En neuf mois, il a le temps d'apprendre à la reconnaître!

Dans le ventre de sa mère, il peut aussi bouger si on lui met de la musique. Il sait faire d'autres choses encore : voir, bâiller, dormir, sucer son pouce. On pense même qu'il enregistre des souvenirs.

La naissance n'est pas le début de la vie du bébé. C'est le même enfant qui continue de grandir. Longtemps avant de naître, il est déjà une personne.

Faut-il aimer ses parents ?

Chaque enfant a besoin de ses parents. Ce sont eux qui l'aident à grandir. Ce sont eux qui le nourrissent, lui donnent de l'amour, lui expliquent les choses de la vie.

Il y a des jours où l'on est heureux d'avoir des parents comme les siens. Mais parfois c'est l'orage. Maman houspille, papa gronde. Il arrive que les parents se disputent : alors on a peur, ou on a un gros chagrin. On a envie de dire : « Ces parents-là, j'en ai assez! »

Chacun a le droit d'être fâché par moments avec ses parents. Cela ne veut pas dire qu'on ne les aime pas.

L'amour n'oblige pas à être toujours gentil, parfait et content.

Il peut exister des parents difficiles à aimer. Pourtant, même dans ce cas-là, ils ont droit au respect.

On peut aimer très fort ses parents ou leur en vouloir terriblement. Pourtant, ils sont toujours gravés dans le cœur de chacun.

Pourquoi naît-on handicapé ?

Tu as peut-être vu dans la rue des gens paralysés sur des chaises roulantes ou des enfants trisomiques. Ce sont des personnes handicapées. Certaines le sont depuis leur naissance.

Aujourd'hui, on connaît plusieurs raisons qui font que des enfants naissent handicapés.

Quand une femme enceinte a une maladie comme la rubéole, son enfant peut se développer de manière anormale : à la naissance, le bébé est aveugle ou sourd, ou inadapté mental.

Il peut y avoir une anomalie dans les cellules du père ou de la mère au moment où le bébé est conçu. Son développement est alors bouleversé, et il naît handicapé.

Il arrive aussi qu'un accouchement se passe très mal. À cause de cela, le bébé peut devenir infirme.

Heureusement, on vaccine maintenant les filles contre la rubéole, et on peut suivre de près le développement de l'enfant dans le ventre de sa mère.

On découvre de nouveaux moyens de soigner ou de rééduquer les handicapés. Et on fait tout pour qu'ils soient heureux de vivre.

C'est sûrement une souffrance pour un enfant d'être handicapé. C'est aussi une souffrance pour ses parents, car c'est un enfant « pas comme les autres ».

Pourtant, même s'il est très handicapé, il ne faut jamais oublier que c'est une personne humaine. Ses parents, ses frères et sœurs, ses copains peuvent l'aider à grandir.

Et lui aussi peut faire « grandir » ses parents, ses frères et sœurs, ses copains : par la tendresse qu'il leur donne, par sa joie de vivre, par son courage.

Pourquoi doit-on aller à l'école?

À l'école, tu apprends d'abord à écrire, à lire et à compter. C'est déjà très important! Imagine-toi ne sachant pas lire une belle histoire, compter la monnaie du pain ni écrire ton nom. Tout cela permet de mieux communiquer avec les autres.

Avec la géographie, l'histoire, tu découvres d'autres peuples, leurs manières de vivre, de penser, tout ce qu'on a inventé avant toi. C'est toujours différent. Ça étonne! Alors, ta curiosité s'éveille, tu compares, tu réfléchis.

Avec les mathématiques, c'est encore autre chose : tu apprends à te concentrer, tu fais un effort, tu raisonnes pour arriver à la solution. Cette gymnastique du cerveau te rend plus précis, plus logique.

Tout cela, tu pourrais l'apprendre chez toi, avec la télé ou un ordinateur. Mais à l'école tu n'es pas tout seul. Il y a le professeur et les autres élèves. Tu vois comment ils raisonnent, ce qu'ils pensent. Tu apprends à avoir tes idées, à les exprimer, à respecter celles des autres. Et puis, il y a aussi les récréations : **tu joues, tu parles, tu te fais des amis!**

Pourquoi y a-t-il des gens que l'on n'aime pas ?

Tu connais beaucoup de gens... Certains sont importants pour toi : tes parents, tes amis. Mais certains t'énervent, tu n'aimes pas être avec eux, ils ne t'intéressent pas. Parfois même, tu ne peux pas les supporter !

Quand on rencontre quelqu'un, on éprouve très vite quelque chose pour lui. Ou il nous plaît, et nous avons envie de le connaître, ou il ne nous est pas sympathique, ou encore il nous laisse totalement indifférent.

Ces sentiments sont naturels. Nous sommes tous très différents les uns des autres. Chacun a ses idées, ses envies, sa façon de vivre...

Il existe beaucoup de façons d'aimer ! Devenir amis, apprendre à se connaître, construire peu à peu une amitié, c'est quelque chose de précieux qu'on ne peut pas donner à n'importe qui et recevoir de tout le monde.

Mais aimer, c'est aussi respecter les autres, accepter sans haine qu'ils ne soient pas comme nous, et vivre en paix avec eux.

Il y a mille manières d'aimer. À nous de choisir laquelle convient à chacun de ceux qui nous entourent. Nous pouvons simplement essayer de ne pas détester celui qui nous agace, ou ne pas en vouloir à celui... qui ne nous aime pas !

Pourquoi faut-il gagner de l'argent?

Il y a bien longtemps, l'argent n'existait pas. Celui qui élevait des moutons échangeait leur laine contre du poisson, de la farine, du sel... S'il voulait voyager, il échangeait quatre moutons contre un cheval. Cela s'appelle le troc : quand tu échanges trois billes contre un calot, c'est pareil.

Aujourd'hui, ceux qui travaillent n'ont pas du tout envie d'avoir des moutons chez eux à la fin du mois ! En échange de leur travail, ils reçoivent un salaire, c'est-à-dire de l'argent.

Tout le monde a besoin d'argent pour vivre : il faut acheter la nourriture, les vêtements, payer le logement, le chauffage...

Plus tard, toi aussi tu auras besoin de travailler : tu gagneras de l'argent pour vivre et faire vivre ta famille le mieux possible. Tu découvriras que l'argent est souvent difficile à gagner, mais indispensable pour vivre. Et, quand on a la chance d'en avoir, c'est bien de savoir le partager.

Pourquoi doit-on un jour quitter ses parents ?

L'oisillon reste deux mois au nid ; l'ourson, deux ans dans sa tanière avec sa mère. Le singe vit avec ses parents jusqu'à trois ans. Le petit d'homme, lui, reste souvent à la maison jusqu'à plus de vingt ans ! Il met beaucoup de temps à devenir adulte…
Pour grandir, le petit d'homme a besoin de manger, de boire, mais aussi de parler, d'apprendre, d'aimer et d'être aimé.

Un jour, il se sent grand, responsable et capable de nourrir son esprit, son corps et son cœur.

Il a envie de se lancer hors du nid pour voir s'il sait voler de ses propres ailes, en gagnant sa vie et en se débrouillant tout seul. Il a envie d'être amoureux, de construire sa maison, de créer sa famille. Et, un jour, il viendra voir ses parents, les bras chargés de cadeaux ou… de bébés !

Pourquoi se marie-t-on, puisqu'on divorce après ?

Tu crois peut-être qu'un mariage se termine forcément par un divorce ? Ce n'est pas vrai : la majorité des gens restent mariés toute leur vie, et beaucoup sont très heureux.

Quand un homme et une femme se marient, c'est parce qu'ils s'aiment, qu'ils ont envie de vivre ensemble et d'avoir des enfants. Devant le maire, ils s'engagent à partager les joies et les difficultés jusqu'à la fin de leur vie. Les croyants s'engagent aussi devant Dieu.

Un homme et une femme qui forment un couple partagent beaucoup de choses de la vie quotidienne : la maison, l'argent, la voiture... Ils prennent ensemble des décisions pour leur travail, leurs enfants, les vacances... **Ce n'est pas toujours facile de se mettre d'accord.** Certains se disputent parfois. Mais ce n'est pas forcément grave : c'est un peu comme les disputes entre frères et sœurs.

Au fil des années, l'homme et la femme changent, ils évoluent. Certains finissent par avoir des façons de vivre et des goûts très différents. Malgré ces difficultés, la plupart s'adaptent pour continuer à vivre ensemble. Ils peuvent même s'aimer encore plus en acceptant leurs différences. D'autres n'arrivent pas à empêcher que leur amour meure lentement : ils doivent reconnaître que leur mariage est un échec. Ils sont malheureux, et leurs enfants aussi. Alors ils ne trouvent pas d'autre solution que de se séparer ou de divorcer.

Ce n'est pas la faute des enfants. Ils sont nés de l'amour qui unissait leurs parents. Celui-ci n'existe plus, mais les enfants ont toujours besoin de l'amour de chacun des parents, même séparément.

Les enfants apprennent, malheureusement très tôt, que le bonheur est fragile et qu'il se construit chaque jour, avec ses petites et ses grandes joies, avec ses petits et ses grands chagrins.

Faut-il aimer son pays ?

Quand un bébé naît, son pays, c'est d'abord ce qui l'entoure : ses parents, ses jouets, sa chambre, sa maison.
Puis il grandit, et son pays de connaissance grandit aussi. Il découvre son école, son quartier, sa ville et ses habitants.
Peu à peu, son horizon s'élargit. Il part en vacances ou en voyage. Il rencontre de plus en plus de gens très différents.
En apprenant à connaître son pays, on se met à l'aimer naturellement. Et on peut avoir envie de lui être utile.

Mais aimer son pays, ça ne veut pas dire ignorer ou détester les autres pays. Car, finalement, le vrai pays des hommes, n'est-ce pas la Terre entière ?

Pourquoi ne reste-t-on pas jeune ?

Le papillon sort de son cocon, s'envole pour quelques jours, puis il s'affaiblit et meurt.

L'enfant met de longues années à devenir un adulte plein de force, puis il vieillit et meurt.

Le chêne met plusieurs siècles à devenir un arbre immense et superbe, mais il finit, lui aussi, par vieillir et mourir.

C'est la grande loi de la vie : tout ce qui naît passe de la jeunesse à la vieillesse. Dans l'univers, tout grandit, tout vieillit, tout meurt, tout se transforme...

De même qu'un enfant a envie de grandir, un jeune a envie de devenir un adulte, d'avoir un métier, une famille. Mais rester jeune ne signifie pas forcément le rester dans son corps.

Les qualités de la jeunesse, c'est d'avoir de la curiosité, de l'enthousiasme, de l'humour. On entend parfois dire d'une vieille dame : « Elle est restée très jeune ! » On peut donc avoir cette jeunesse de cœur à tout âge... et avoir, en plus, la sagesse de toute une vie !

Pourquoi vit-on, puisqu'on meurt un jour ?

Tu te dis peut-être : « Aujourd'hui, je suis vivant. Mais je sais qu'un jour je vais mourir. Alors, à quoi sert de vivre ? » Quand on pense à cela, on a parfois envie de se laisser glisser comme la feuille entraînée par le vent. Mais, en même temps, il y a en nous un grand élan, un grand désir de vivre.

La vie, la mort, c'est mystérieux. On voudrait chasser la mort loin de nous. **Pourtant la mort et la vie vont toujours ensemble.** Et là où il y a la mort, on peut

trouver des signes de vie : l'arbre sec allume un grand feu, le sable du désert cache parfois une source, un vieil homme est en train de mourir et sa petite-fille vient de naître.

Pour des millions de croyants (hindouistes, musulmans, juifs, chrétiens), la mort est une naissance : c'est un passage vers une vie nouvelle, vers Dieu. Croire en cela donne un espoir formidable. Mais tout le monde ne croit pas à cette vie après la mort. Pour certains, l'aventure se finit quand on meurt. Cela peut paraître terrible, ou simplement naturel.

Comme toutes les plantes ou les animaux, l'homme naît, grandit et meurt. Il fait partie de l'immense chaîne de la vie. Il sait qu'il mourra, mais il sait aussi c'est bon de vivre !

La vie bouge, elle surprend, elle peut faire mal. On l'aime plus ou moins, mais on y tient pourtant très fort. Un jour, tes parents t'ont offert la vie. Toi aussi, tu voudras peut-être, à ton tour, la donner...

Faut-il pleurer quand quelqu'un est mort?

La mort est toujours triste. Quelquefois, elle est même insupportable. La mort de quelqu'un que tu aimes très fort, c'est comme un départ pour toujours. Tu ne peux plus lui parler, tu penses à tout ce que vous avez fait ensemble, et à tout ce que vous auriez encore pu faire.
La mort de gens qu'on connaît mal, ou qui sont malades depuis longtemps, ou très vieux, peut sembler moins triste.

Pleurer ne change rien à la mort. Mais c'est l'un des moyens qui aident à supporter sa peine. Certains ne peuvent pas s'empêcher de pleurer quand ils sont malheureux. D'autres, au contraire, s'enferment dans le silence ou se mettent en colère. D'autres encore ont besoin de parler, de se faire consoler. Quelquefois, on a très envie de pleurer, mais on n'y arrive pas.
Pour les croyants, la mort est un passage vers une vie mystérieuse où nous serons avec Dieu. Mais cela n'empêche pas la tristesse de la séparation. Même Jésus a pleuré à la mort de son ami Lazare.
Pleurer, comme rire, permet de reprendre des forces et du courage... pour la vie!

Où va-t-on quand on meurt?

Quand quelqu'un meurt, son cœur cesse de battre, son cerveau ne fonctionne plus : cette extraordinaire machine qu'est le corps s'arrête de vivre. Alors on le met en terre. Et, petit à petit, il devient de la poussière...

Quand quelqu'un meurt, ceux qui l'ont connu se souviennent de lui, de ses paroles, de ses gestes, de ses sourires. **Celui qui est mort reste vivant dans le cœur de ceux qui l'ont aimé.** Et, d'une certaine manière, il reste vivant aussi à travers ses enfants, ses petits-enfants...

Quand une personne meurt, beaucoup pensent qu'elle continue à vivre, d'une vie mystérieuse et plus belle encore... Dans toutes les religions, les croyants espèrent que la mort n'est pas la fin de la vie. Jésus dit : quand on meurt, c'est comme une graine qui doit être enfouie dans la terre pour germer et donner du fruit...

Pour les chrétiens, la mort est alors une nouvelle naissance. C'est une formidable transformation, comme lorsque le papillon prend son envol en se dégageant de son cocon...

Le monde

Comment est née la Terre ?

Dans le monde entier, des savants observent le ciel pour essayer de comprendre comment notre Terre est apparue dans l'univers. Voici ce qu'ils disent :

Il y a quinze milliards d'années, de gigantesques explosions se sont produites dans tout l'univers. Les savants appellent cela le « big bang », ces mots anglais veulent dire « grand boum ».

Quelques secondes plus tard, l'univers était comme une gigantesque soupe qui refroidit ! Des milliards de minuscules billes de matière flottaient et se cognaient les unes aux autres.

Pendant des millions d'années, ces billes ont bougé, éclaté, elles se sont réunies, organisées. Peu à peu, les premières étoiles sont nées. Et puis, il y a cinq milliards d'années, le Soleil et notre Terre se sont formés dans d'énormes explosions et tourbillons de matière.

Voilà comment serait née notre petite planète bleue… On ne peut pas s'empêcher d'être émerveillé devant le mystère extraordinaire de cette naissance et devant la beauté de notre monde.

Certains pensent que l'univers s'est formé par pur hasard. Mais beaucoup y voient la trace de Dieu, d'un Dieu créateur.

Pourquoi l'homme a-t-il commencé à parler ?

Même les savants ne savent pas trop répondre à cette question ! Mais tu peux essayer de réfléchir en te demandant pourquoi toi, tu as commencé à parler quand tu étais bébé.

Tu as sûrement pleuré de faim en attendant ton biberon, et gazouillé de plaisir quand on te caressait. Petit à petit, tu t'es aperçu que ton père ou ta mère venait s'occuper de toi quand tu faisais des bruits avec ta bouche.

Et puis, tu as essayé d'imiter des sons que tu entendais : maman, papa, biberon... Tu as compris que les mots permettaient de faire comprendre ce que tu voulais.

Pour les premiers hommes, cela s'est sans doute passé ainsi. **Ils ont dû balbutier des sons, puis des mots pour avertir d'un danger, pour demander à manger, pour donner un nom aux gens, aux objets, pour dire leur plaisir ou leur souffrance...**

Ils ont ainsi découvert que le langage leur permettait de montrer aux autres qu'ils existaient, de demander ce qu'ils voulaient, et de dire ce qu'ils pensaient.

Pourquoi n'est-on pas tous de la même race?

Certains hommes ont la peau brune, d'autres noire, blanche ou jaune. Certains ont les cheveux blonds, d'autres bruns ou roux. Les uns sont petits et d'autres grands. Toutes ces différences font un monde de toutes les couleurs! Au cours des siècles, la vie humaine s'est développée sur la Terre entière. Petit à petit, les hommes se sont adaptés au climat des régions où ils vivaient : des différences comme la taille ou une peau plus ou moins claire sont apparues. Il y a longtemps, les savants ont voulu classer toutes ces

différences en « races » : la race noire, la race blanche, la race jaune... Mais ils ont découvert que le classement n'est pas si simple, car il existe des différences qu'on ne voit pas (la composition du sang par exemple).

Aujourd'hui, les savants ne parlent plus de « races », mais de « groupes humains ». Pour eux, les races n'existent pas : nous sommes tous de la « race humaine ».

D'un continent à l'autre, nous sommes différents par notre corps, mais aussi par notre façon de vivre, notre religion, notre nourriture, notre langage, notre histoire... C'est cela qui fait toute la richesse de la famille humaine !

Comment est née l'écriture ?

Tu mets sûrement quelques secondes à écrire ton prénom et ton nom. Mais sais-tu qu'il a fallu des milliers d'années pour que les hommes découvrent cette invention extraordinaire qu'est l'écriture ? Pendant des siècles, en effet, ils ont communiqué seulement par la parole. Mais ils n'avaient rien pour garder la trace de ce qu'ils disaient. Ils devaient se servir uniquement de leur mémoire. Et ils ne pouvaient pas communiquer avec ceux qui étaient loin d'eux.

Un jour, quelqu'un a eu l'idée géniale de graver sur de la pierre quelques dessins très simples : une étoile, un épi de blé, un oiseau...

En assemblant un certain nombre de dessins différents, on arrivait à raconter une histoire et à la conserver ! C'était il y a six mille ans, au pays de Sumer, en Asie. Plus tard, d'autres hommes essayèrent d'améliorer cette idée : ils inventèrent les alphabets. L'écriture était vraiment née !

Comment devient-on un clochard ?

Ils traînent dans les rues du matin jusqu'au soir. Certains ont bu et titubent sur le trottoir. D'autres sont assis sur des bancs, habillés de vieux vêtements. Le soir, ils couchent là où ils peuvent, sous les ponts, les porches, dans les cabines téléphoniques, car ils n'ont pas de maison. Ils ont un regard un peu bizarre. Ce sont des clochards.

Tu en as sûrement déjà rencontré un. Il t'a demandé un peu d'argent pour manger. Tu as peut-être eu peur ou, au contraire, tu as eu envie de donner, mais tu n'as pas osé. Tu n'as pas su quoi faire...

Alors essaie d'imaginer que ce clochard a été un enfant. Comme toi, il a aimé rire, jouer, il a eu des amis. Plus tard, quand il a grandi, il s'est peut-être marié, il a même eu des enfants, qui sait ? **Mais un jour sa vie a basculé. Pour quelle raison ? Il y en a des milliers possibles : un trop long chômage, une grave maladie, plus de famille, plus d'amis, trop seul pour être aidé, pour redémarrer...**

Alors, si tu vois un de ces clochards un peu bizarres, n'oublie pas : c'est un être humain comme toi.

Pourquoi certains sont-ils plus riches que d'autres ?

Tu connais les « riches » qu'on voit à la télévision. Ils se déplacent en Rolls Royce, ont des bijoux fabuleux et vivent dans des maisons de rêve avec des serviteurs à leurs ordres ! Mais il y a aussi d'autres sortes de « riches » : ils ont une belle voiture, une maison de campagne, et ils partent en vacances dans des pays lointains.

Pour devenir riche, il suffit parfois de naître dans une famille qui a de la fortune. On peut aussi habiter dans une région où il est facile de gagner de l'argent parce que le sol et le sous-sol sont plus riches. On peut avoir un métier très bien payé. Certains ont le goût du risque : ils lancent des affaires qui réussissent.

Quelques-uns, très rares, gagnent à la loterie et deviennent riches d'un seul coup ! Et puis, on peut aussi s'enrichir en étant malhonnête, en volant de l'argent ou en profitant du travail des autres.

Il est difficile de définir à partir de quand on est riche. Cela dépend des pays. Ainsi quelqu'un de pauvre chez nous pourrait être considéré comme riche en Inde ou en Afrique...

Être riche, c'est ne pas avoir de soucis d'argent, mais c'est surtout posséder plus que les autres.

Être pauvre, c'est n'avoir pas assez pour vivre là où on est, pour se nourrir, s'habiller et se soigner quand on est malade.

Si les hommes et les pays riches apprenaient à partager avec ceux qui n'ont rien, si tout le monde recevait une instruction qui lui permette de faire un métier intéressant et de gagner sa vie, alors il n'y aurait plus de gens très pauvres.

Cela semble un beau rêve. Pourtant, des gens travaillent pour que cette situation change.

Il y a aussi des personnes qui ne cherchent pas forcément à devenir riches, et qui sont heureuses...

Pourquoi, dans d'autres pays, on n'a pas assez à boire et à manger ?

Tu es peut-être révolté quand tu vois à la télévision des enfants indiens ou africains squelettiques, tandis que nos magasins débordent de nourriture. Depuis longtemps, des spécialistes étudient le problème de la faim dans le monde, et ils donnent plusieurs explications.

La sécheresse est une raison importante. Certaines régions, autrefois arrosées par des pluies régulières, sont de plus en plus touchées par la sécheresse, comme au Sahel, en Afrique, où le désert s'étend d'année en année.

Pourtant, de nombreux pays ont faim alors que leurs terres sont cultivées. Là-bas, les paysans cultivaient autrefois des plantes dont ils se nourrissaient. Mais des commerçants étrangers, soutenus par les gouvernements, leur ont proposé de les remplacer par d'autres plantes, plus rentables (comme du café ou du coton), et de leur acheter toute la récolte. En fait, ils l'achètent aujourd'hui à si bas prix que les paysans n'ont pas assez d'argent pour se procurer la nourriture dont ils ont besoin.

Il arrive ailleurs qu'un petit nombre de paysans riches possèdent la majorité des terres. Les autres paysans en ont tellement peu que les récoltes sont trop maigres pour faire vivre toute leur famille. Alors ils partent vers les villes, mais ils ne trouvent pas de travail et s'entassent dans des bidonvilles, où ils vivent dans une misère encore plus terrible.

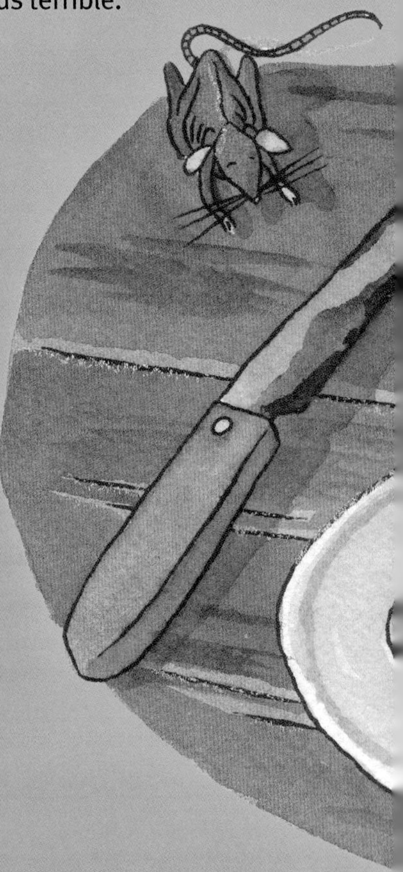

D'autres raisons peuvent provoquer la famine. Des pays prospères sont brutalement bouleversés par la guerre, et les habitants ne trouvent plus de quoi se nourrir. Des chefs d'État ne pensent qu'à s'enrichir et plongent leur pays dans la misère.

Face au problème de la faim, certains disent qu'on ne peut rien faire, parce qu'il y a trop d'hommes dans le monde. Pourtant, des savants ont calculé que la Terre peut nourrir tous ses habitants. D'autres gens pensent qu'il suffit d'envoyer de la nourriture. On doit le faire en cas d'urgence, mais il faut surtout que chaque pays arrive à nourrir lui-même tous ses habitants.

Dans les pays riches, il existe des associations qui aident des paysans de pays pauvres à réaliser des projets concrets : creuser des puits, acheter des terres, des graines et des instruments de culture... Déjà, quelques pays ont réussi à vaincre la famine par eux-mêmes. Alors d'autres peuvent y arriver aussi !

Pourquoi y a-t-il beaucoup d'enfants dans les pays pauvres ?

En Colombie, en Inde, en Éthiopie, il y a souvent des familles de six, huit ou même plus de dix enfants !

Dans les pays du tiers monde, un enfant ne coûte presque rien à sa famille. Très jeune, il doit se débrouiller pour trouver de quoi manger. À la campagne, il pêche, chasse, cueille des fruits, participe aux travaux des champs. À la ville, il fait toutes sortes de petits métiers : vendeur de cigarettes, cireur de chaussures, chiffonnier... Il lui arrive aussi de mendier. **Ainsi, plus il y a d'enfants dans une famille, plus il y a de chances que tout le monde ait à manger.**

Les parents savent aussi que, malheureusement, de nombreux enfants meurent jeunes : ils ne sont pas assez nourris, ils ont des maladies et ne peuvent pas être soignés... Les parents ont donc beaucoup d'enfants pour être sûrs que quelques-uns arrivent jusqu'à l'âge adulte. Ainsi, quand les parents seront vieux et

malades, leurs enfants pourront s'occuper d'eux : c'est un peu leur « assurance vieillesse ».

Chez nous, on pense souvent que ces parents ne savent pas comment faire pour avoir moins d'enfants. Ce n'est pas toujours vrai. En Inde, par exemple, le gouvernement a dépensé beaucoup d'argent pour expliquer comment limiter les naissances. Mais les familles sont toujours aussi nombreuses. Et puis, dans certains pays, la femme doit obéir à son mari, et elle ne peut pas dire qu'elle ne veut plus d'enfants.

Dans les pays riches, on aime bien avoir de l'argent, du confort, des loisirs... On choisit d'avoir peu d'enfants parce que cela coûte cher de les élever et on doit leur consacrer du temps. **Dans les pays pauvres, la famille est la seule richesse, le seul espoir.** Et puis, dans beaucoup de religions, une famille nombreuse est une bénédiction de Dieu.

On remarque aujourd'hui qu'il naît un peu moins d'enfants qu'il y a vingt ans dans certains pays où l'on manque de tout. On peut espérer que cela continuera dans les années à venir, car ce serait un des moyens de réduire la pauvreté dans ces pays.

Pourquoi y a-t-il la guerre?

Tous les jours, on entend parler de guerres aux actualités. Mais on a souvent beaucoup de mal à comprendre pourquoi elles éclatent…

Certains pays font la guerre à d'autres pour devenir plus puissants, en agrandissant leur territoire ou en s'appropriant des sources de richesse (puits de pétrole, mines d'or ou d'uranium…). D'autres veulent imposer leurs idées politiques ou religieuses.

Il y a aussi des guerres entre des gens d'un même pays : on les appelle des guerres civiles. Elles éclatent parce qu'il y a trop de misère et d'injustices, ou parce que certains sont méprisés à cause de leur couleur ou de leur religion.

Tu penses peut-être qu'ils pourraient se défendre sans se faire la guerre. C'est vrai ! On arrive parfois à obtenir plus de justice par des moyens non violents. Certains peuples ont réussi à renverser leurs

dirigeants qui les opprimaient sans faire la guerre. Mais, quand l'action non violente ne donne pas de résultats, les gens désespérés peuvent être amenés, malgré eux, à combattre par les armes.
Et si on arrêtait de fabriquer des armes ? Mais il faudrait être sûr que tous les pays sont d'accord et qu'aucun ne triche. Ce n'est pas si simple ! Imagine qu'un seul pays continue à fabriquer des bombes en cachette... Il lui serait facile de faire peur aux autres et de les conquérir ! **Ainsi, même les pays qui veulent la paix fabriquent des armes et entraînent des soldats pour pouvoir se défendre en cas d'attaque.**

Il y a quand même beaucoup de gens dans le monde qui travaillent pour la paix : des hommes politiques, des écrivains, des journalistes, des artistes... Certains le font au nom de leur foi en Dieu. Tous pensent que chaque geste d'amitié, chaque effort pour la justice est un petit pas de plus vers le respect de la vie des autres. Toi aussi, quand tu mets tes poings dans tes poches alors que tu as envie de t'en servir, tu refuses la guerre. Mais tu t'aperçois alors que la paix est bien fragile...

Qu'est-ce que c'est, les Droits de l'homme ?

Il y a des pays où des femmes et des enfants travaillent douze heures par jour pour un salaire de misère...

Il y a des pays où ceux qui ne sont pas d'accord avec le gouvernement sont emprisonnés, torturés, assassinés...

Il y a des pays où des hommes et des femmes sont méprisés et traités comme des bêtes sous prétexte qu'ils ont la peau noire...

Il y a des pays où les chrétiens et les juifs n'ont pas le droit de pratiquer publiquement leur religion...

Les Droits de l'homme, ce sont les droits que tout homme devrait avoir pour vivre libre et heureux. Il y a très peu de pays où toutes les conditions sont réunies pour que cela soit possible.

Juste après la Deuxième Guerre mondiale, des hommes politiques de plusieurs pays ont rêvé d'un monde plus juste, où tous les hommes seraient respectés. Ils ont rédigé une longue « Déclaration universelle des Droits de l'homme ». Le 10 décembre 1948, elle a été signée par les représentants de quarante-huit pays, réunis à Paris.

La déclaration commence par ces mots : « Tous les êtres humains naissent libres et égaux en dignité et en droits. » Elle comprend trente articles, qui sont la liste de tous les droits de l'homme à respecter si l'on veut que cette phrase devienne une réalité : par exemple, le droit de faire des études, d'avoir un travail correctement payé, de se marier librement, d'avoir une religion et des opinions politiques, de quitter son pays et d'y revenir...
Aujourd'hui, presque tous les pays du monde ont signé cette déclaration, mais il y a encore beaucoup de chemin à faire pour qu'ils en respectent tous les articles. C'est pourquoi il est important de la connaître et de la défendre.

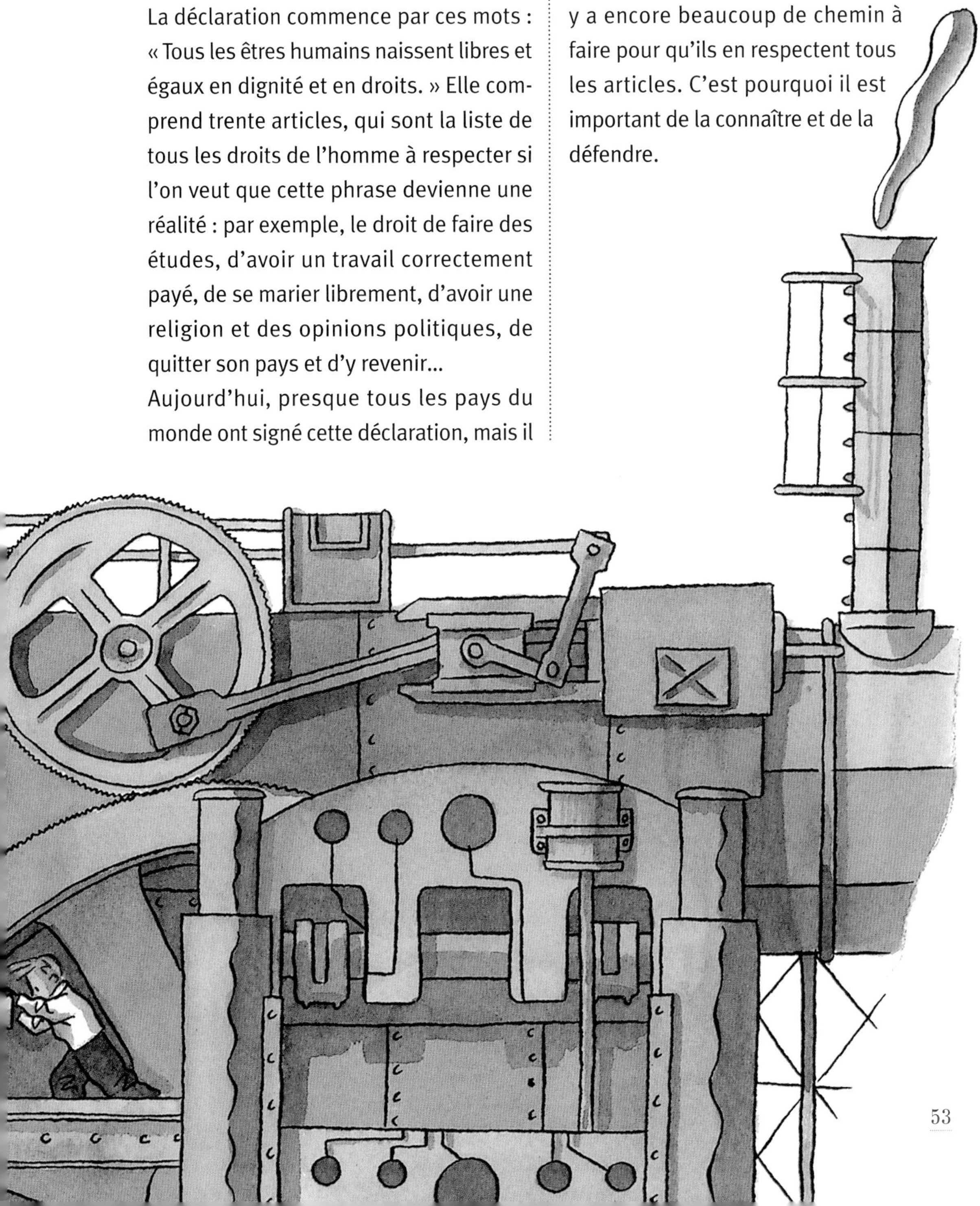

Pourquoi les gens polluent-ils la nature ?

Longtemps, les hommes ont lutté pour survivre, car la nature était dure avec eux. Au fil des siècles, ils ont inventé des machines de plus en plus perfectionnées pour rendre la vie moins difficile. Mais ils ont mis beaucoup de temps à découvrir que les progrès techniques provoquaient une pollution qui mettait notre planète en danger.

Aujourd'hui, des agriculteurs, des savants, des hommes politiques se rendent compte qu'il est important de préserver la nature, sinon la Terre deviendra invivable. **Les chercheurs ont déjà trouvé de nombreuses inventions antipollution, comme la réutilisation du verre, du papier, des métaux ou l'épuration des eaux sales.**

Beaucoup de gouvernements exigent que les usines utilisent ces inventions pour éviter la pollution. Mais les directeurs d'usine n'obéissent pas toujours, car cela coûte cher.

Petit à petit, la pollution devrait diminuer. Pourtant c'est difficile de la supprimer complètement sans ralentir les progrès du monde. Les hommes ont besoin de la nature pour se nourrir et vivre agréablement. Mais ils ont aussi besoin de leurs inventions. Grâce aux progrès de la science, ils peuvent voyager, se soigner, communiquer entre eux pour s'entraider, découvrir le reste de l'univers.

Ce serait une erreur d'arrêter le progrès pour préserver la nature, comme de saccager la nature en poursuivant le progrès !

Il s'agit maintenant de trouver un équilibre entre les deux.

4 3 8
9 5 1
2 7 6
π≃3,1415926
k!

Les savants savent-ils tout ?

Il y a cinq cents ans, quand des savants ont dit que la Terre était ronde, alors que tout le monde croyait qu'elle était plate, on les a pris pour des fous.
Il y a cent ans, on pensait que les savants savaient presque tout, car ils avaient fait de grandes découvertes.
Aujourd'hui, on pense que les savants connaissent beaucoup de choses, mais pas tout !
Par exemple, les savants étaient sûrs d'avoir trouvé ce qu'il y a de plus petit au monde : imagine un grain de sable si minuscule qu'on ne peut pas le partager. Ils l'ont appelé « atome ». Mais depuis ils ont découvert au milieu de l'atome un noyau dix mille fois plus petit que lui. Et, dans ce noyau, des particules bougent à toute vitesse !
On sait aussi que notre Terre fait partie d'une galaxie, avec des planètes qui tournent autour du Soleil. Mais on sait qu'il y a des millions d'autres galaxies inconnues...
Quand on étudie l'infiniment petit et l'infiniment grand, il semble qu'il n'y ait pas de limites.
Aujourd'hui, un savant sait qu'il ne saura jamais tout, même dans sa spécialité (médecine, chimie, astronomie...).
Et si, dans des milliers d'années, les savants arrivent à tout savoir, les hommes continueront sans doute à se poser des questions sur la vie, sur le monde, sur Dieu...

Est-ce que les animaux pensent ?

Si on t'offre un chat, un chien, un hamster, tu te mets à l'aimer très fort. Tu joues avec lui, tu lui parles, tu lui fais des câlins. Et tu te dis qu'il comprend, qu'il t'aime aussi... et qu'il est intelligent ! Pourtant, les savants n'ont jamais prouvé qu'un animal peut « penser », c'est-à-dire avoir des idées, réfléchir, décider...
Les animaux ont leur intelligence. Un chat sait très bien dans quel placard est rangée sa nourriture, il sait se faire comprendre pour qu'on ouvre ce placard. Certains chiens semblent comprendre qu'on parle d'eux, il leur arrive même de bouder si on les taquine.

Parfois, ce qu'on prend pour de l'intelligence n'est qu'un réflexe ou un instinct. Tous les animaux sont programmés par la nature pour survivre. Ainsi ils pressentent les dangers, comme le feu, et ils se souviennent de ce qui leur a fait peur, mal ou plaisir.

Beaucoup d'animaux sauvages ou domestiques communiquent entre eux. Ils utilisent leurs propres langages, que les hommes ne savent pas déchiffrer. On pourrait croire aussi qu'ils comprennent les hommes ! Si tu parles gentiment à un animal, il sentira que tu n'es pas dangereux. Et toi, tu auras l'impression qu'il a compris tes paroles.
En fait, les animaux dressés reconnaissent les mots avec lesquels ils ont été dressés. On pourrait très bien apprendre à un chien à se mettre debout quand on lui dit « Assis » !
Les animaux ne pensent sûrement pas comme les hommes. Mais cela ne veut pas dire qu'il n'existe pas une sorte de pensée animale. Et, surtout, cela n'empêche pas qu'un animal et un homme puissent être très amis... et se comprendre parfaitement ! Après tout, ils appartiennent au même monde, non ?

Comment le ciel peut-il être infini ?

La nuit, quand on regarde les étoiles, on se sent tout petit dans l'univers. Le ciel paraît tellement haut, au-dessus de nos têtes ! On aimerait trouver une barrière, la fin du ciel.

Il y a cinq cents ans, les gens croyaient encore que l'espace s'arrêtait quelque part. Au temps de Marco Polo, ils dessinaient la Terre toute plate, et le ciel posé au-dessus, comme une cloche à fromage sur une assiette ! De grosses lampes y étaient accrochées : c'étaient le Soleil, la Lune et les étoiles. Pourtant, des savants examinaient déjà le ciel. Certains disaient que la Terre était sans doute ronde et qu'elle tournait. Mais on les prenait pour des fous ou des sorciers !

Aujourd'hui, les instruments des astronomes sont de plus en plus puissants : des radiotélescopes géants permettent d'observer les étoiles en plein jour, des satellites et des navettes spatiales

explorent et photographient l'univers. On sait que notre galaxie n'occupe qu'un tout petit coin de l'univers. Il existe des millions d'autres galaxies.

Imagine-toi partant à la découverte du ciel. En trois jours, ta fusée dépasserait la Lune. Dix-huit mois plus tard, elle se poserait sur Jupiter. Mais, même si tu naviguais dix mille ans, tu ne trouverais pas les limites de l'univers. D'ailleurs, dans l'espace, les distances sont si grandes qu'on les compte en années-lumière. Une année-lumière, c'est la distance que parcourt la lumière en une année !

Ça donne le vertige d'imaginer le ciel infini. On se sent une poussière microscopique dans l'univers ! Mais, en même temps, on a envie de connaître de mieux en mieux cet univers. Et plus on cherche à l'expliquer, plus on s'aperçoit qu'on n'aura jamais fini de chercher !

Les extraterrestres existent-ils ?

Certaines personnes ont vu ou entendu des choses bizarres, inexplicables, inconnues. Elles ont raconté qu'il s'agissait d'engins spatiaux, habités par des extraterrestres... On appelle ces engins des OVNI (objets volants non identifiés). Ces phénomènes restent encore une énigme.

Des chercheurs, des astronomes étudient l'univers pour savoir s'il y a des formes de vie dans l'espace. Pour l'instant, ils n'ont découvert aucune preuve permettant d'être sûr que les extraterrestres existent... ou qu'ils n'existent pas !

Pourtant, beaucoup de scientifiques pensent que c'est possible. Ils savent que les planètes qui entourent notre Soleil ne portent pas trace de vie. Mais des centaines d'autres soleils entourés d'autres planètes existent ! Et ils sont trop loin

pour que les Terriens puissent les étudier avec leurs techniques actuelles.

Aujourd'hui, nous vivons seuls dans l'immensité de l'univers : nous n'avons aucun contact avec d'autres êtres intelligents.

Si, effectivement, des extraterrestres existent et arrivent à nous le faire savoir, il faudra que les Terriens réfléchissent. Comment leur répondre ? Pourra-t-on communiquer avec eux ? Sera-t-on amis ou ennemis ? L'organisation de notre monde pourrait changer : les hommes décideront peut-être de rendre notre planète plus accueillante pour les êtres vivants... Alors ils deviendront des « terrestres extra » !

Dieu

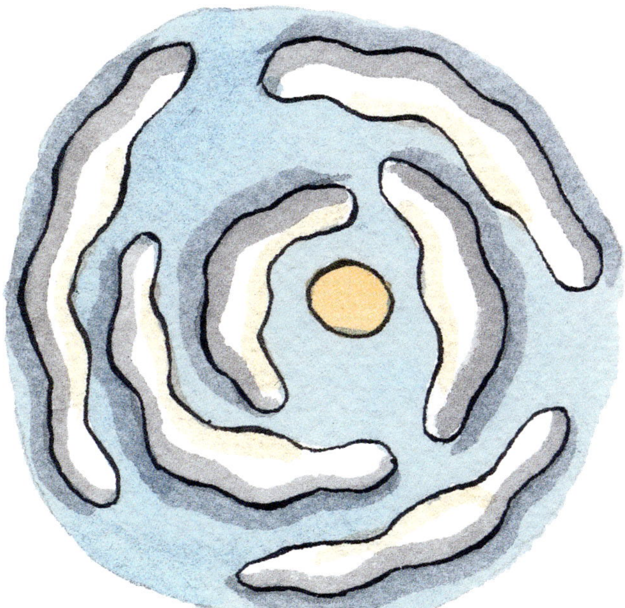

Adam a-t-il vraiment été le premier homme ?

La Bible, dans le livre de la Genèse, dit que l'homme est créé par Dieu « à son image ». Elle montre aussi Dieu comme un potier qui façonne avec de la terre un premier homme et une première femme : Adam et Ève.

Pourtant, les savants qui étudient l'histoire de l'univers ne parlent pas de Dieu. D'après eux, notre planète s'est formée il y a cinq milliards d'années ! Un milliard d'années après sa formation, la vie a commencé sous forme de cellules microscopiques dans les océans. Pendant des millions d'années, ces cellules se sont différenciées et multipliées : les animaux aquatiques sont apparus. Puis certains animaux sont sortis de l'eau et se sont habitués à vivre sur la terre ferme.

Quelques milliards d'années plus tard, des animaux ont pris petit à petit des formes de singes. Et puis, il y a quatre millions d'années, certains ont commencé à se dresser sur leurs pattes arrière. Leurs cerveaux se sont développés, ils ont fabriqué des outils et inventé le langage : c'étaient les premiers humains !

En fait, dans le langage de la Bible, Adam et Ève sont des noms qui veulent dire « l'Homme » et « la Vie ». Les auteurs de cette histoire ont répondu de façon imagée et poétique à des questions pour lesquelles il n'y a pas de réponses toutes faites : qu'est-ce qui a fait naître la Terre et la vie ? Est-ce que l'homme est apparu par hasard ? Y a-t-il un être ou une énergie mystérieuse à l'origine de tout cela ?

Aujourd'hui, les juifs et les chrétiens sont d'accord avec les savants sur les débuts de la vie terrestre. Mais ils croient aussi ce que dit la Bible : Dieu a créé le monde et continue de le créer, il crée les hommes « à son image », capables de penser, d'entreprendre, d'aimer, et il leur confie la Terre, en toute liberté...

Est-ce que Jésus est dieu?

Jésus était un homme de religion juive, né en Palestine il y a environ deux mille ans. Ceux qui le rencontraient se demandaient : Qui est cet homme ? Est-ce un magicien aux pouvoirs extraordinaires ? An sage dont la vie et les paroles sont pleines d'amour ? Le Messie, ce messager de Dieu que le peuple juif attend depuis des siècles ?

On peut lire dans les évangiles ce que Jésus a fait d'extraordinaire. Son pouvoir de guérir les malades et sa façon d'aimer ont montré que c'était un homme étonnant. Jésus a parlé de Dieu comme on n'en avait jamais parlé. Il ne le présente pas comme un juge, un tyran, un chef terrible et jaloux. Au contraire, il dit que Dieu respecte les hommes, qu'il leur pardonne, qu'il les aime d'un amour fou, qu'il a pour eux la tendresse d'un père ou d'une mère. Ceux qui connaissaient bien Jésus sentaient qu'il était tellement proche de Dieu qu'il semblait habité par lui. Ils avaient l'impression que c'était Dieu lui-même qui parlait et vivait en Jésus. Dieu, invisible et lointain, devenait visible et proche.

Un jour, Jésus a lui-même demandé à ses amis : « Pour vous, qui suis-je ? » Pierre a répondu : « Tu es le Fils du Dieu vivant. »

Mais, jusqu'à la mort de Jésus, ses autres amis n'ont pas bien compris ce que ces mots voulaient dire.
Ce n'est qu'après l'avoir vu ressuscité, mystérieusement vivant, qu'ils ont commencé à affirmer : « Il est vraiment le Fils de Dieu. » Et c'est ce que dit l'Église depuis vingt siècles.

L'expression « Fils de Dieu » ne veut pas dire que Jésus est le fils de Dieu comme toi tu es le fils ou la fille de ton père ! Mais c'est la meilleure expression que les chrétiens ont trouvée pour faire comprendre ce lien mystérieux et unique entre Jésus et Dieu.
En affirmant : « Jésus est le Fils de Dieu », les chrétiens disent : « Jésus parle de Dieu comme de son Père. C'est un homme rempli de l'Esprit de Dieu. Il nous aide à découvrir Dieu en nous et autour de nous, à vivre nous aussi en enfants de Dieu. »

Est-ce que les miracles existent ?

Dans un grave accident, personne n'est blessé. Un grand malade guérit sans raison... Quand un événement, apparemment impossible, se produit, on dit : « C'est un vrai miracle ! »
Quand on parle de miracle, on peut aussi penser à une chose impossible à réaliser, dont on a très envie ou besoin. On peut penser à une chose merveilleuse qu'on n'ose pas espérer.

Depuis très longtemps, des hommes de toutes les religions croient que les miracles sont des signes de Dieu. Ils pensent que Dieu a le pouvoir de faire des choses extraordinaires.

Tu as peut-être entendu parler des miracles de Lourdes : des malades y guérissent parfois sans explication. Les incroyants pensent : « Les malades croient très fort qu'ils vont guérir, alors leur corps leur obéit. La science saura expliquer un jour ces étranges guérisons. » Des croyants, au contraire, voient dans ces guérisons mystérieuses un signe de Dieu.
Dans les évangiles, il y a plus de quarante récits de miracles. Ils racontent que Jésus a redonné la vie à son ami Lazare, marché sur l'eau, calmé une tempête, guéri des aveugles, des lépreux... À chaque fois, Jésus veut faire comprendre que ces miracles sont des signes de la présence cachée de Dieu. Mais il veut surtout faire comprendre un miracle bien plus étonnant encore : Dieu est la source de toute vie.

Pourquoi a-t-on tué Jésus ?

Toute sa vie, Jésus a défendu les pauvres, les rejetés, les petits. Il a guéri des malades et accompli des miracles qui étonnaient les gens. **Dans toutes ses paroles, il a appelé les hommes au pardon, à la paix, à l'amour de Dieu et des autres.** Pourtant, il a été condamné à mort et cloué sur une croix comme un malfaiteur... Pourquoi ?

Quand Jésus parlait de l'amour entre les hommes, il n'avait pas peur de dire que le goût de l'argent et du pouvoir est un obstacle à l'amour. Alors des gens riches et puissants se sont mis à le détester.

Quand Jésus parlait de la religion, il disait : le plus important, c'est de vivre chaque jour dans l'amour de Dieu, ce n'est pas de faire des gestes obligatoires et de réciter des prières par cœur. Alors des chefs religieux, hypocrites ou jaloux de leur pouvoir, se sont mis à le détester.

Quand Jésus parlait de Dieu, il l'appelait « mon Père » et il disait qu'il le connaissait mieux que les autres. Des gens étaient choqués qu'il se dise ainsi le « Fils de Dieu ». Ils se sont mis à le détester.

Et puis, certains proches de Jésus croyaient qu'il voulait devenir le roi du pays. Ils ont été déçus quand ils ont compris que Jésus parlait d'un tout autre Royaume, celui de Dieu. Alors ils ne l'ont pas défendu quand il a été arrêté.

Jésus a été tué parce qu'il était devenu trop gênant pour beaucoup de gens. Mais quand ses amis l'ont vu ressuscité, mystérieusement vivant, ils ont compris que Jésus avait choisi librement de ne pas échapper à la mort. Il voulait vivre pleinement et jusqu'au bout en Fils de Dieu.

À quoi sert d'être baptisé ?

Il y a quelques années, tes parents t'ont fait un cadeau extraordinaire : ils t'ont donné la vie.
Par le baptême, les parents chrétiens font un nouveau cadeau à leur enfant : ils veulent lui faire partager la vie avec Dieu.
Tous les hommes, baptisés ou non, sont à l'image de Dieu. Quand on demande le baptême pour son enfant, on reconnaît et on affirme qu'il est vraiment un enfant de Dieu.

Un baptême est une grande fête : on prie, on chante, le prêtre verse de l'eau sur le front de l'enfant ou le plonge dans l'eau, ses parents lui mettent un vêtement blanc, on allume un grand cierge...
Mais il n'y a pas d'âge pour découvrir qu'on est un enfant de Dieu : on peut demander le baptême à neuf ans, trente-cinq ans... ou même soixante-dix ans !
Pour le baptisé, c'est un peu comme une vie nouvelle qui commence. Il entre dans la grande famille des chrétiens : l'Église. Et il va essayer de vivre selon l'Esprit de Dieu, comme Jésus qui a toujours fait confiance à Dieu et qui a aimé tous les hommes.

Quand on fait des bêtises, est-ce que ce sont des péchés ?

Pendant la récréation, tu bouscules un peu fort un copain pour rigoler. Mais il tombe par terre et se fait mal au genou. C'est embêtant, mais tu ne l'as pas fait exprès. Tu l'aides à se relever, et tu lui demandes pardon. **C'est une bêtise, sûrement pas un péché !**

Un autre jour, tu bouscules très fort un copain parce que tu es furieux contre lui. Il se fait très mal en tombant et se met à pleurer. Et toi, tu pars en riant. Là, c'est plus grave qu'une bêtise, car tu as fait exprès de fermer ton cœur : c'est une faute.

Les chrétiens appellent cette faute un péché, c'est-à-dire une cassure dans son amour pour Dieu. Car pour eux, quand on ferme son cœur aux autres, on ferme son cœur à Dieu.

Pourquoi faut-il pardonner ?

« Va demander pardon ! » « Allez, je te pardonne, on fait la paix ! »... Ces phrases, tu les utilises et tu les entends souvent après une dispute, une bêtise ou une simple bousculade.
Si tu te disputes avec quelqu'un que tu aimes, tu te sens malheureux. Mais tu ne peux pas passer ta vie à lui faire la tête ! Tu as besoin de lui, et il a besoin de toi. Si vous faites la paix et si vous vous pardonnez, vous pouvez recommencer à parler, à jouer, à rire ensemble.

Quelquefois c'est très difficile de pardonner. Au début, tu es furieux. Tu ne veux pas comprendre la personne avec qui tu es fâché. Tu veux te venger.

Tu te dis : « C'est de sa faute ! », et puis tu te calmes, tu essaies de comprendre pourquoi l'autre a fait ça.
Quand deux amis se pardonnent, cela ne veut pas dire qu'ils oublient ce qui s'est passé. Mais chacun surmonte sa colère et se dit : « Je l'aime quand même. »
Tu peux aussi pardonner à quelqu'un que tu n'aimes pas, même s'il s'en fiche ou ne veut pas. Pardonner, ce n'est pas forcément devenir ami.

Cela veut dire que tu refuses de continuer à en vouloir aux autres. Jésus, lui, a dit de pardonner même à ses ennemis. Il savait que c'était très difficile. Mais il voulait aider les gens à vivre en paix avec les autres et avec eux-mêmes.

Que font les gens à la messe?

Le dimanche, quand tu vas à la messe à l'église avec ta famille, tu t'y ennuies peut-être parce que tu ne comprends pas bien ce que font les gens. Pour t'aider à le découvrir, voici les grands moments de la messe.

Les chrétiens se réunissent à l'église pour prier, chanter et fêter Dieu. Ils écoutent d'abord plusieurs passages de la Bible. Et le prêtre leur explique comment on peut vivre selon ce que dit la Bible.

Puis le prêtre invite tout le monde à remercier Dieu pour les merveilles de la vie, et pour son Fils Jésus. Il prend du pain et du vin en refaisant les gestes et en rappelant les paroles de Jésus pendant son repas d'adieu avec ses amis : « Ceci est mon corps, ceci est mon sang, ceci est ma vie que je donne pour vous... »

Alors ceux qui le désirent viennent recevoir et manger de ce pain : pour eux, cette hostie est le pain de vie, le pain de Dieu. On appelle cela la communion.

Et, à la fin de la messe, le prêtre invite les chrétiens à vivre chaque jour pleins de courage et d'amour.

Les chrétiens choisissent d'essayer de vivre, comme Jésus, en enfants de Dieu. Ils croient que Jésus, mystérieusement vivant, est présent parmi eux à la messe. Ils se rassemblent pour recevoir sa force, qui les aide à vivre dans l'amour de Dieu et des autres.

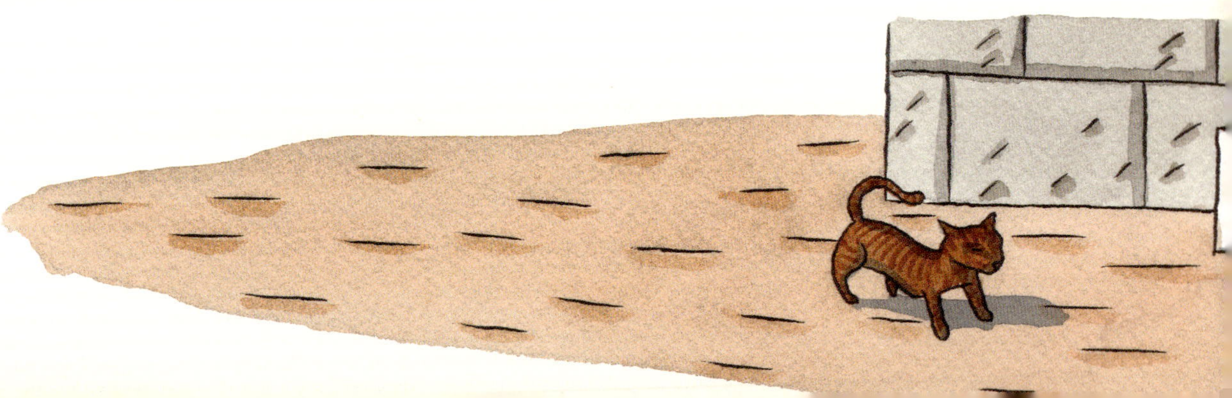

Pourquoi Dieu ne répond-il pas quand on le prie?

Parfois, on voudrait grimper au sommet d'une montagne et crier pour appeler Dieu jusqu'à ce qu'on entende une voix portée par le vent. Parfois, on se dit qu'en se blottissant dans un coin de sa chambre et en murmurant le nom de Dieu, on entendra une voix mêlée au souffle de sa poitrine.

Qu'on le cherche dans le ciel ou au plus profond de soi-même, Dieu ne répond pas comme une personne humaine avec qui on pourrait parler et qui nous dirait ce que l'on doit faire.

Dieu ne répond pas non plus en réalisant les miracles que l'on souhaiterait : « Mon Dieu, fais qu'il n'y ait plus de guerre. Fais que maman ne me gronde pas. Fais que je réussisse mon contrôle d'histoire... » Dieu n'est pas Superman ! Dieu est avant tout mystère.

Prier, ce n'est pas la même chose que parler avec quelqu'un. C'est d'ailleurs étrange de n'avoir personne en face de soi et de ne pas savoir à quoi Dieu ressemble.

Cependant, dans la prière, on cherche à dire quelque chose. Parfois, on ne trouve pas les mots, mais on sent très fort monter en soi le bonheur d'être en vie et l'envie d'aimer, ou bien une grande peine qui serre la gorge.

Prier, c'est prendre un moment pour Dieu, sans attendre forcément une réponse précise en retour.

Prier, c'est mettre toute sa confiance en Dieu.

Prier, c'est croire qu'il peut donner à chacun la force nécessaire pour le faire grandir... Grand en âge, bien sûr, mais aussi grand d'esprit et grand de cœur.

Est-il vrai que Dieu est au ciel ?

Quand quelqu'un meurt, on entend souvent dire : « Il est au ciel avec Dieu. » Dans presque toutes les religions, les hommes sentent que Dieu est bien au-delà de tout ce qu'ils peuvent imaginer. Alors ils le placent très haut au-dessus d'eux : au ciel !

Aujourd'hui, grâce aux fusées et aux navettes spatiales, les hommes voyagent dans le ciel. L'un d'eux, le cosmonaute Youri Gagarine, a dit à son retour : « Dieu, je ne l'ai pas rencontré ! » Alors, où est Dieu, s'il n'est pas dans ce ciel-là ?

« Personne n'a jamais vu Dieu », a dit Jésus lui-même ! Mais, pour beaucoup d'hommes, rencontrer Dieu, c'est rencontrer une force d'amour qui donne la vie. La vie, c'est la pluie qui nourrit la terre, c'est un enfant qui naît, c'est aussi un ami que tu aides, un autre qui te console et qui partage...

Et, quand les chrétiens prient Dieu en disant « Notre Père qui es aux cieux... », c'est une image pour faire comprendre que la vie de Dieu est mystérieuse, invisible et infinie.

Mais ça ne veut pas dire qu'elle est très loin des hommes : on peut reconnaître la vie de Dieu dans la force qu'on sent monter en soi, à chaque fois qu'on vit quelque chose de bon et de beau.

Alors, peut-être les cieux sont-ils aussi au plus profond du cœur...

Pourquoi Dieu ne veut-il pas se montrer ?

« Si Dieu existe, qu'il se montre et je croirai en lui ! » « Dieu, montre-toi pour arrêter tous ces malheurs ! »
C'est vrai, tout semblerait plus facile si Dieu pouvait apparaître au bon moment ! Dans toutes les religions, Dieu est mystérieux et invisible. Pourtant, tous les croyants sont sûrs que Dieu veut se faire connaître aux hommes.

Les chrétiens croient même que Dieu s'est montré dans la vie d'un homme : Jésus. Ils l'appellent « Fils de Dieu ». Mais, pour eux, Dieu ne veut pas s'imposer : au contraire, il veut laisser chacun libre de le découvrir, de croire en lui.

En fait, est-ce Dieu qui ne veut pas se montrer, ou est-ce nous qui ne savons pas le reconnaître ?

Dieu sait-il tout ce qui va nous arriver ?

Dieu sait-il si je vais attraper la grippe cet hiver ? Dieu sait-il si je serai astronaute plus tard ? Dieu sait-il combien d'années je vivrai ?

Nous nous représentons souvent Dieu comme quelqu'un qui sait tout de nous depuis notre naissance jusqu'à notre mort.

Ce serait une drôle de vie si tout était ainsi décidé d'avance, si tout était inscrit sur l'emploi du temps de Dieu.

Mais Dieu n'est pas un homme. On ne peut pas se mettre à sa place. On ne sait pas s'il vit comme nous dans le temps. Pour lui, il n'y a peut-être pas de passé, pas de futur. Dieu est un mystère infini.

Alors on ne peut pas savoir ce que Dieu sait !

En tout cas, grâce à Jésus, les chrétiens savent que Dieu est proche des hommes, quoi qu'il arrive.

Pourquoi dieu nous donne-t-il le choix d'être bon ou mauvais ?

Dans la Bible, on dit que Dieu est Amour et qu'il crée l'homme à son image. L'homme ne devrait vouloir que le bien. Et pourtant on voit tous les jours que les hommes peuvent faire beaucoup de mal !

Ce serait plus simple si nous étions tous entièrement bons ! Mais notre bonheur serait automatique. Nous serions des automates, et nous ne pourrions pas, à l'image de Dieu, inventer, imaginer, désirer, créer, aimer... C'est important d'être responsable de son propre bonheur. Souvent, ce que l'on est obligé de faire ne nous rend pas vraiment heureux. Mais, si l'on prend une bonne décision et que l'on réussit à s'y tenir, on est heureux.

Les croyants sont sûrs que Dieu ne veut pas imposer le bien, qu'il veut laisser les hommes libres, mais qu'il les aide en leur indiquant les bons chemins.
Pourtant, il est quelquefois difficile de choisir le bien. Le chemin du mal paraît plus facile. Et puis, on fait parfois le mal qu'on ne voudrait pas faire…

De toute façon, il n'y a pas les bons d'un côté, les mauvais de l'autre ! Les croyants pensent que l'on n'est jamais enfermé dans le mal, que Dieu pardonne quand on n'arrive pas à être bon mais que l'on désire le devenir.

Qu'est-ce que l'âme?

Parfois, tu fermes les yeux pour écouter les battements de ton cœur et pour sentir ta respiration, mais tu as vite la bougeotte, car tu es un corps vivant.

Ton corps, c'est toi : ton cerveau, tes mains, ta peau, ta voix... Mais tu n'es pas seulement un petit paquet de muscles, de nerfs et de sang : **tu as des sentiments, tu penses, tu parles, tu aimes ta famille, tu as des copains, ta vie est une histoire qui change tout le temps.**

Pour parler de ce souffle de vie qui anime tous les êtres humains, on dit que chaque personne a une âme, ou plutôt que chaque personne est une âme, unique au monde.

Le mot « âme » est souvent utilisé par les croyants de nombreuses religions. Pour eux, dire que l'homme a une âme signifie qu'il porte en lui le souffle de la vie de Dieu pour toujours, même après la mort.

Dieu est-il le même dans toutes les religions ?

Quand on étudie un peu les différentes religions, on s'aperçoit qu'elles ne présentent pas Dieu de la même façon.
Pour les juifs, Dieu a fait une alliance avec les hommes, et il leur demande de vivre en sa présence.
Pour les chrétiens, Dieu s'est rendu présent aux hommes en devenant lui-même un homme : Jésus.
Pour les musulmans, Allah (« Dieu » en arabe) a donné ses commandements à Mahomet, son prophète.
Pour les hindouistes, il y a des milliers de dieux. Mais ils ne sont que des formes différentes du dieu qui anime chaque être vivant.

Dans toutes les religions, il y a des gens qui rejettent ceux qui ne croient pas comme eux. Certains font même la guerre au nom de leur religion.

Mais il y en a qui respectent la religion des autres, tout en croyant très fort au Dieu de leur religion. Car, pour eux, Dieu reste toujours mystérieux et bien plus grand que ce que disent toutes les religions.

Pourquoi les gens de religions différentes se disputent-ils ?

Quand tu crois très fort à quelque chose, tu as envie de convaincre tout le monde. Mais si les autres ne pensent pas comme toi, ou se moquent de toi, tu t'énerves peut-être et la discussion peut se transformer en dispute, et même en vraie bagarre.

Sa religion, on y croit souvent très fort. Alors on peut penser que les autres religions sont complètement fausses. On peut aussi ne pas comprendre la façon de vivre d'autres croyants et finir par se disputer.

Et, quand tout un peuple n'est pas d'accord avec un autre peuple, cela peut même provoquer une guerre.

À toutes les époques et dans toutes les religions, il y a des gens qui cherchent la guerre. Mais il y en a aussi qui croient en un Dieu d'amour pour tous les hommes et qui essaient d'être « des artisans de paix », comme Jésus l'a dit.

C'est quoi, le paradis ?

« Ah, quel paradis ! » Ce mot te fait peut-être penser à une nature merveilleuse, sans usine et sans pollution, comme au début du monde.
Mais cela te fait peut-être aussi rêver à un univers de bonheur parfait, où l'on vivra après la mort.
Beaucoup de religions imaginent le paradis comme un grand jardin ou comme un coin de ciel, plein de lumière et de paix, où Dieu accueillera les hommes.
Bien sûr, c'est une façon imagée de parler de cette vie mystérieuse avec Dieu après la mort. Car personne ne peut dire à quoi ressemblera le paradis !

Les réponses ont été écrites par :
V. Armand (p. 22, 32, 40, 44, 48, 54, 58, 62, 70, 76, 78, 86), C. Béchaux (p. 14, 30, 38, 60),
Y. Belaunde (p. 15, 88), P. de Bourgoing (p. 20), A. Guichard (p. 43), B. Marchon (p. 12, 16, 18, 19, 26, 29,
33, 36, 37, 42, 46, 48, 50, 52, 66, 68, 72, 74, 84, 85, 86, 89, 90, 91), A. Rochefort-Turquin (p. 26, 80),
L. Rousselot (p. 24, 28, 56, 74, 75, 82), D. de Saint-Mars (p. 25).

Loi 49 956 du 16 juillet 1949 sur les publications destinées à la jeunesse.
Dépôt légal : avril 2013